AF496110

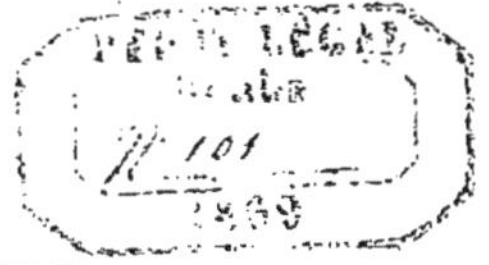

NOTE HISTORIQUE

SUR LES ÉVÉNEMENTS

DES SIX PREMIERS MOIS DE L'ANNÉE 1814,

PAR LE MARQUIS DE MONCIEL,

PRÉCÉDÉE D'UNE NOTICE SUR L'AUTEUR.

BESANÇON,

IMPRIMERIE ET LITHOGRAPHIE DE J. JACQUIN,

Grande-Rue, 14, à la Vieille-Intendance

1869.

NOTE HISTORIQUE

SUR LES

ÉVÉNEMENTS DES SIX PREMIERS MOIS DE L'ANNÉE 1814,

*PAR LE MARQUIS DE MONCIEL.

Terrier de Monciel, l'un des derniers ministres de Louis XVI, naquit vers 1757, au château de Vaudrey ; son père fut Claude-François Terrier, marquis de Monciel, chevalier de Saint-Louis, maréchal des camps et armées du roi, ministre plénipotentiaire à la cour de Wurtemberg et au cercle de Souabe ; sa mère, Darie-Thérèse-Gabrielle de Raousset. Orphelin à l'âge de dix-sept ans, possesseur d'une fortune considérable, Terrier de Monciel, doué d'un esprit vif et observateur et d'une mémoire extraordinaire, se livra avec ardeur à des études solides et approfondies, auxquelles se mêlèrent plus tard, mais sans les remplacer jamais entièrement, les plaisirs de son âge et les divertissements bruyants de la vie de campagne. Ses relations de famille l'attirèrent bientôt à Paris, où se manifestaient dès lors les premiers symptômes de la Révolution. Un caractère entreprenant, un sincère amour de son pays, un sentiment profond de la nécessité des réformes, le jetèrent dans le mouvement qui agitait alors la société française ; et, bien qu'il ne prît aucune part aux événements, il devint un homme politique, partageant toutes les aspirations honnêtes de cette brûlante époque, tout en conservant intacts dans son cœur les traditions monarchiques de sa famille. Chacun sait comment les Etats généraux amenèrent la France à la constitution de 1791. Terrier prit rang parmi les royalistes constitutionnels, qui devaient sitôt assister à la ruine de la constitution et de la royauté. Remarqué pour son esprit et la droiture de ses opinions, il fut appelé, après le renvoi de Roland, au ministère de l'intérieur ; il hésita longtemps à accepter ce lourd fardeau ; ses plus proches parents, sa sœur, le marquis de Vaulchier du Deschaux, son beau-frère, l'en détournèrent de toutes leurs forces. Cette famille, qui dès lors était la sienne, habitait Paris, dans un appartement de la rue de la Chaise, auprès de l'hospice des Ménages. Le plus jeune de ses membres, alors âgé de douze ans, me raconta plus d'une fois la scène douloureuse qui éclata dans cet intérieur paisible, le jour où Terrier de Monciel vint annoncer qu'il avait accepté le ministère. A cette nouvelle, sa sœur et son beau-frère, consternés, se jetèrent à son cou ; son neveu et sa nièce, deux enfants, pleuraient et tremblaient en voyant l'émotion de leurs parents ; Terrier de Monciel s'arracha à leurs étreintes, et laissa échapper ces paroles caractéristiques « J'ai eu pitié de cet homme. » En effet, Louis XVI n'était plus roi ; c'était un homme comme un autre ; mais cet homme était le descendant d'une race royale ; à ce titre seul, il méritait le dévouement inutile de ses derniers serviteurs, et ce dévouement s'appelait la pitié. Pour comprendre cette époque il faut tout consulter, tout interroger ; j'ai sous les yeux une miniature de Terrier de Monciel contemporaine de son court ministère ; c'est un portrait à la mode du temps, coiffé comme M. de Mirabeau, le cou nu, le col de la chemise chiffonné, le jabot épanoui, un habit bleu à revers avec d'énormes boutons ; la figure est noble et sévère ; le front est large, le nez allongé, la bouche très sérieuse ; de grands sourcils arqués abritent de grands yeux au regard fatal ; on voit que cet homme vivait au milieu d'une société bouleversée, où le pied glissait dans le sang, où l'œil s'était habitué peu à peu à regarder la mort en face et la guillotine sans effroi. Il fallait un dévouement absolu pour accepter alors la fonction de ministre du roi ; Terrier de Monciel remplaçait Roland, Roland, ce ministre indigne qui avait abusé jusqu'au bout de la droiture et de la bonté de Louis XVI, et dont le dernier acte fut une trahison. On était à la veille du 20 juin 1792. Le nouveau ministre se mit résolument sur la brèche, et l'un de ses premiers actes fut de dénoncer à l'assemblée l'affiche que nous allons citer et qui, sans lui, serait peut-être restée enfouie dans l'oubli parmi ces mille infamies que des mains inconnues et toujours impunies étalaient chaque jour sur les murs de Paris ; voici le texte de ce factum : « Les hommes du 14 juillet se lèvent pour la seconde fois et viennent vous dénoncer un roi indigne d'occuper plus longtemps le trône ; nous demandons que le glaive frappe sa tête ; si vous vous refusez à nos vœux, nos bras sont levés et nous frapperons les traîtres partout où nous les trouverons, même parmi vous. » Le ministre déclara, en outre, que la publication du décret qui défendait les rassemblements armés était restée sans résultat, et que dès le lendemain une foule armée, sous prétexte de fêter l'anniversaire du serment du Jeu de paume, devait se présenter à la barre de l'assemblée et de là pénétrer dans le palais du roi. Les pétitionnaires armés devaient demander à Louis XVI de retirer le *veto* qu'il avait apposé sur deux décrets de l'assemblée; le premier de ces décrets déclarait que les ministres destitués emportaient les regrets de la nation; le second formait autour de Paris un camp de 20,000 hommes destiné à devenir une arme entre les mains de la révolution. Tout le monde connait l'histoire de la journée du 20 juin, prélude de celle du 10 août.

Il faut lire ce récit dans l'ouvrage de M. Mortimer-Ternaux; la porte royale forcée, un canon porté à bras jusque dans la salle des Suisses, les Tuileries emportées d'assaut, et la tourbe envahissante pénétrant jusque dans la salle de l'Œil-de-Bœuf, dont les portes sont fermées et dont elle réclame l'entrée à grands cris. Dans cette salle se trouvaient le roi, trois de ses ministres, parmi lesquels était Terrier de Monciel, enfin Madame Elisabeth. Nous aimons à rappeler cette circonstance si glorieuse pour sa mémoire, si honorable pour ceux qui portent son nom; c'était le poste de l'honneur et du danger. L'épaisseur d'un panneau séparait seule des envahisseurs ce malheureux roi, qui fut héroïque pendant cette journée terrible, et les courageux citoyens qui ne craignirent pas de partager son sort. La *Revue rétrospective*, tome Ier, 2e série, a publié plusieurs lettres de Terrier de Monciel, relatives aux événements du 20 juin. La première, du 19 juin, prévoyant les événements du lendemain, engage MM. du directoire du département de Paris à prendre les mesures nécessaires pour le maintien de l'ordre. Deux lettres datées du 20 juin, à huit heures et onze heures du matin, adressées aux mêmes, sont écrites dans le même sens. Une lettre écrite à onze heures du soir, invite, au nom du roi, MM. du Directoire à se rendre aux Tuileries pour s'entendre sur les moyens d'assurer la tranquillité de la nuit. Plusieurs autres lettres se rapportent au décret de l'assemblée concernant les pétitionnaires armés, aux mesures à prendre pour empêcher le renouvellement des scènes du 20 juin, enfin à un plan de défense du château des Tuileries. Dans ce moment fatal où tout le monde s'abandonnait, où le roi lui-même semblait fatalement entraîné, Terrier de Monciel résista jusqu'à la fin; on peut affirmer que si tous les amis constitutionnels du roi avaient fait leur devoir comme ce courageux ministre, ils auraient épargné à la France les horreurs de 93. Malheureusement personne ne résistait, et la position des ministres du roi était intenable devant une

assemblée désormais souveraine. Il faut lire au *Moniteur* la séance du
2 juillet, et les outrageantes questions adressées à Terrier de Monciel
sur des actes que n'interdisait aucune loi ; la gauche lui reproche comme
un crime d'avoir fait réimprimer à l'imprimerie royale un arrêté du directoire du département de la Somme rédigé par des mains fidèles ;
l'assemblée mande à sa barre le directeur de cette imprimerie, comme
si cette publication avait mis la patrie en danger. « On demande où sont
les traîtres, s'écrie Isnard, eh bien ! en voilà un, » et il désigne du
geste Terrier de Monciel. Cette sortie soulève de la part de la droite les
plus vives réclamations. Le président n'y peut mettre fin qu'en rappelant
Isnard à l'ordre. Le ministre de l'intérieur se lève pour sortir ; des députés courent lui barrer le chemin, l'interpellant violemment sur ce qu'il
n'a pas répondu aux questions qui lui ont été adressées ; le président,
appuyé de la majorité de l'assemblée, lasse d'un si grand scandale,
envoie un huissier pour lui ouvrir un passage. Mais toute résistance était désormais inutile ; les ministres n'étaient plus pour la royauté
que des boucliers impuissants et passagers. Au bout de trois semaines,
Terrier de Monciel, usé et découragé, remit son portefeuille entre les
mains du roi. On dit que Louis XVI le vit s'éloigner avec peine ;
Louis XVI, esclave de son serment, voulait essayer jusqu'au bout la
constitution qu'il avait jurée ; son entourage se méfiait des hommes qui
s'associaient à ses vues et s'efforçaient d'aider le roi dans sa périlleuse
tentative. Toutefois, Terrier de Monciel, en renonçant au ministère, ne
voulut pas cesser d'être utile. Il fit partie d'un comité dont les membres
se réunissaient la nuit aux Tuileries ; on s'y perdait en vains projets de
défense du château, d'évasion du roi et de sa famille ; tout ce dévouement
fut sans résultat. Les amis de Terrier de Monciel, royalistes constitutionnels comme lui, étaient Bertrand de Molleville, Talon, Malouet,
Montmorin, Clermont-Tonnerre, derniers conseillers du malheur que le
10 août put seul disperser. Nous ne prononçons qu'avec respect les
noms de ces derniers amis du roi, qui furent aussi les derniers défen-
seurs des idées constitutionnelles et des vraies libertés de la France.
Après le massacre des Tuileries, Terrier de Monciel errait dans les rues
de Paris, cherchant un asile ; il se rappela que pendant son court ministère il avait donné à Bernardin de Saint-Pierre l'emploi de directeur du
Jardin des Plantes. M. de Saint-Pierre était un de ces hommes sen-
sibles qui écrivaient des fadeurs sur la bienfaisance et l'humanité. L'ancien ministre de Louis XVI alla trouver le philanthrope ; il lui raconta
avec émotion toutes les horreurs de la journée du 10 août ; mais l'auteur

de la *Chaumière indienne* l'écoutait d'un air distrait et mit fin à la conversation par ces étonnantes paroles : « Je n'ai pas trouvé que la journée d'hier fût si mauvaise ; le soleil a été très beau. » Terrier de Monciel s'empressa de quitter l'intrépide amant du soleil et de la nature, pour aller demander un asile à des gens qui ne lui devaient rien. Pendant plusieurs jours, il resta caché dans Paris. Les documents que nous avons entre les mains ne nous disent pas où il dirigea sa fuite ; mais les Mémoires du baron Malouet, publiés en 1868, nous donnent cette indication précieuse ; nous citons le passage des Mémoires de Malouet : « .... Il ne fallut pas moins de secours et de précautions pour arranger mon passage sur un paquebot qui partait le 23 (*septembre 1792*) pour Douvres. Lorsque nous fûmes sous voile, qu'il n'y eut plus de visite à craindre de la municipalité, je vis sortir des cadres où ils étaient cachés sous des matelas, l'évêque de Coutances, MM. de Monciel et la Tour-du-Pin, l'ex-ministre. » C'est donc à l'Angleterre que Terrier de Monciel demanda son premier asile. Il y vécut des secours qui lui furent envoyés de France, et la connaissance très approfondie qu'il avait de la langue anglaise lui rendit ce séjour avantageux et facile. Au bout de quelques années , il passa en Allemagne, dont la langue lui était aussi familière que sa langue maternelle. Son exil fut plusieurs fois interrompu par de courts séjours en France, où il se tint soigneusement caché, car il était sur la liste des émigrés. M. Jobez, de Morez, l'accueillit plusieurs fois avec tout le dévouement de la plus courageuse amitié. Vers le milieu de l'an VII, sa famille fit d'inutiles démarches pour le faire rayer de la liste des émigrés ; il fut *maintenu*, comme on disait alors, et cette fatale nouvelle lui inspira une admirable lettre que nous voudrions pouvoir citer tout entière, où le courage, la résignation, les sentiments religieux les plus pratiques et les plus solides, éclatent dans toute leur énergie. La lettre dont je parle est adressée à un jeune homme de dix-neuf ans, qui fut plus tard le marquis de Vaulchier, père de celui qui écrit ces lignes. C'est avec un sentiment de profond respect que j'ai lu et relu ces sévères et touchantes pages, où le chrétien résigné, le riche dépossédé, le Français proscrit, recommande à son jeune neveu l'attachement à sa religion, l'amour du travail, et cette grande loi de la Providence qui, dès l'origine du monde, condamne l'homme déchu à manger son pain à la sueur de son front. Terrier de Monciel joignit l'exemple au précepte. J'extrais les lignes suivantes d'une lettre du 3 prairial an VIII, écrite au même ; je ne résiste pas au désir d'en citer un passage ; ce sera une réfutation des platitudes adressées chaque jour aux malheureux proscrits qu'on flétrit encore du nom d'émigrés comme d'une injure. « Je suis bien sensible aux peines qu'on se donne pour le succès de mon affaire (*sa radiation de la liste des émigrés*). Si la Providence permet qu'elle réussisse, mon premier soin sera d'acquitter mes dettes, et je me trouverai heureux si ce qui me restera peut y suffire. Ensuite je chercherai les moyens de pourvoir à ma subsistance par mon travail, afin de n'être à charge à personne. Comme c'est dans une grande ville où je trouverai plus facilement un emploi, je verrai à choisir entre Paris ou Lyon. Cette dernière me plairait plus que l'autre, parce qu'elle m'offrirait des souvenirs moins pénibles. Au surplus, je suis sans inquiétude : la Providence, qui a toujours pourvu à mes besoins, ne m'abandonnera pas.... Je suis très bien. Le climat est un peu sévère, mais il est très sain (M. de Monciel était en Suisse, dans le canton de Fribourg). Je m'y porte à merveille.... Mes appointements annuels sont de 900 livres ; cela suffit à ma nourriture et à mon entretien. Je ne te cacherai pas que le premier argent que j'ai touché m'a causé une sensation pénible, qui n'était que l'effet d'un amour-propre humilié. Cela est encore utile. Pourquoi rougir de la sentence prononcée contre tous les hommes en la personne de notre premier père : Tu gagneras ton pain à la sueur de ton front ? Maintenant, je suis aussi heureux qu'on peut l'être dans ma position ; j'attends avec soumission ce qu'il plaira à Dieu d'ordonner de mon sort.... »

L'année suivante, Terrier de Monciel rentrait en France et s'installait chez son beau-frère au château du Deschaux ; c'est là qu'il passa presque tout le reste de sa vie, au milieu d'une famille et d'un pays dont il était adoré. Son établissement était en tout conforme à ses goûts simples et austères ; sa chambre était la plus modeste de cette modeste demeure ; ses meubles, ceux d'un chartreux. Le travail, les œuvres de religion et de charité chrétienne, le soin de payer ses dettes et de recueillir les débris de sa fortune, remplirent sa vie jusqu'en 1814. L'ancien ministre de Louis XVI contemplait d'un œil de philosophe et de chrétien les événements qui bouleversaient l'Europe ; il voyait de sa cellule la chute de ces rois égoïstes, que le bras vengeur de la Providence chassait successivement de leurs trônes. Les événements de 1814 vinrent tirer M. de Monciel de ses méditations et de son obscurité. 1814, comme 1792, le trouva prêt à mettre son dévouement au service de son pays. La France était envahie ; la Franche-Comté, exposée au passage des troupes, était particulièrement foulée par les gens de guerre. M. de Monciel fut prié par l'administration d'aller, avec plusieurs autres commissaires, au quartier général du prince de Schwartzenberg pour lui demander d'alléger les charges qui pesaient sur notre province ; il fit plus, il obtint une audience de l'empereur Alexandre, auquel il exposa l'anarchie qui menaçait la France et présenta le retour des Bourbons comme l'unique moyen d'y mettre un terme. Le comte d'Artois, frère de Louis XVIII, était à Vesoul dans une position précaire ; il appela dans ses conseils le serviteur fidèle de son malheureux frère ; M. de Monciel se rendit à l'appel du prince, et l'accompagna dans sa marche vers la capitale du royaume ; il l'y précéda d'un jour ; le comte d'Artois fit son entrée le 12 avril 1814. Les fonctionnaires de l'empire n'avaient désormais qu'une pensée ; Bonaparte était à Fontainebleau, mais les alliés couvraient Paris et la cause de l'empire était perdue ; il fallait se rattacher au nouveau régime en stipulant des conditions. Le prince dut s'entendre avec une sorte de gouvernement provisoire formé sous les auspices de M. de Talleyrand ; il engagea M. de Monciel à faire partie de cette espèce de ministère, mais le vieux serviteur du roi refusa ; M. de Talleyrand et Fouché, l'évêque apostat et l'oratorien défroqué, lui gâtaient le retour des Bourbons. Bientôt ses conseils furent moins écoutés, l'honnête gentilhomme de province, le ministre constitutionnel de Louis XVI, était le moins souple et le moins courtisan des hommes. L'influence du comte d'Artois s'effaça tout naturellement au retour du roi son frère ; M. de Monciel obtint facilement la permission de se retirer. Il revint au Deschaux, où l'attendait la vie de famille, le travail et l'obscurité. Toutefois la politique l'occupa jusqu'à la fin de sa vie, sur un théâtre plus étroit et plus modeste. Membre du conseil général du Jura, il s'occupa avec une ardeur de jeune homme des intérêts qui lui furent confiés. Le désir d'être utile à tous était une vraie passion pour ce grand homme de bien. Il voulait rendre service aux petits comme aux grands, à la famille du pauvre comme à sa patrie. Quoiqu'il eût des idées infiniment élevées, que son esprit fût capable de concevoir les plus vastes systèmes de politique, de morale, de philosophie, combien de fois ne l'avons-nous pas vu appliquant toutes ses facultés aux intérêts d'un village, que dis-je? d'une famille pauvre, d'un orphelin sans appui ! La révolution de 1830 le frappa au cœur ; il y survécut un an, et mourut aux verreries de Semsales, canton de Fribourg en Suisse, le 29 août 1831 ; c'est dans cette verrerie qu'il avait gagné ces glorieuses 900 livres dont le premier paiement inspirait à cette grande âme, un instant blessée, les belles lignes que j'ai citées plus haut.

CHARLES DE VAULCHIER.

---

*

NOTE HISTORIQUE SUR LES ÉVÉNEMENTS DES SIX PREMIERS MOIS DE L'ANNÉE 1814, DONT J'AI ÉTÉ TÉMOIN ET AUXQUELS J'AI PRIS PART.

Struebat jam fortuna in diversa parte terrarum
initia causasque imperii.   TACITE.

Depuis plus de dix ans, Buonaparte fatiguait les bouches de la Renommée du bruit de ses victoires ; né pour être le fléau de l'humanité, son règne ne fut qu'une suite de guerres à peine interrompues par quelques instants de trève qui n'étaient pour lui que des moyens de se préparer à de nouveaux combats. Toute la population de la France était destinée à l'entretien de ses armées, et le continent de l'Europe était livré au pillage de ses généraux ; sortis pour la plupart des derniers rangs, ils avaient accumulé des richesses immenses, qui donnaient l'espoir à chaque soldat d'arriver à la même fortune ; cette perspective, jointe à la valeur et à l'intelligence de la guerre naturelles aux Français, lui avaient formé des troupes vraiment invincibles, s'il ne les eût pas livrées à l'intempérie des régions du Nord.

La politique de Napoléon avait augmenté ses forces de celles de tous les peuples qu'il avait vaincus, dont il avait fait des alliés. Sa qualité de chef de la confédération du Rhin le mettait à la tête d'une population de 80 millions d'hommes. Les différents Etats qui la composaient étaient gouvernés par des rois de sa création ou des membres de sa famille, et les peuples étaient dans son entière dépendance ; ajoutez à cette masse les forces de l'empereur d'Autriche, dont il était le gendre et l'oppresseur ; malgré les pertes qu'il avait éprouvées, on estimait encore à 22 millions la population de ses Etats. L'histoire n'offre pas d'exemple d'une puissance aussi colossale et qui parût aussi supérieure aux événements de la fortune. Je crois même que jamais on n'expliquera les causes de sa chute qu'en remontant aux décrets de la Providence, qui élève ou renverse à son gré les puissances de la terre, permet les succès des conquérants pour le châtiment des nations, et ordonne leur chute pour l'instruction des monarques.

Buonaparte avait en lui la cruauté de Néron ; son buste a des traits frappants de ressemblance avec les médailles de cet empereur ; il égalait Tibère et Caligula dans leur goût pour la débauche ; enfin il avait hérité de la haine de Julien l'Apostat pour la religion de Jésus-Christ. Si , dans les premiers moments de son règne, il eut l'air de la favoriser, ce ne fut que pour la faire servir à augmenter sa puissance. L'onction sainte qu'il se fit donner par le pape, n'était qu'un moyen de s'attirer les respects des peuples, et sa conduite envers Pie VII prouve assez qu'il ne respectait pas plus l'Eglise que son chef. Le concile national ou l'assemblée du clergé qu'il réunit en 1811 avait pour objet de se séparer du saint-siége en se faisant reconnaître pour chef de l'église gallicane. Il répétait souvent qu'il n'y avait que deux souverains en Europe qui fussent maîtres chez eux, le roi d'Angleterre et l'empereur de Russie, parce qu'étant en même temps chefs de l'Eglise et de l'Etat, ils réunissaient le pouvoir temporel au spirituel. L'orgueil et la fourberie étaient les traits dominants de son caractère : personne ne fut plus avide d'éloges : l'encens que lui prodiguaient à l'envi les poëtes et les orateurs, le sénat et tous les corps constitués, ne pouvait lui suffire; il exigeait encore que tous les écrivains lui payassent un tribu d'adulation ; ses censeurs ne laissaient imprimer aucun ouvrage qui n'eût satisfait à ce devoir; et plus l'écrivain avait de réputation, plus il y mettait d'importance.

Aucun gouvernement n'a fait un usage plus constant du mensonge ; ses bulletins, ses rapports n'étaient qu'un tissu de faussetés. Il avait des faussaires à gage qui pouvaient imiter à volonté l'écriture de tous les hommes en place de l'Europe. Il avait contrefait successivement les papiers-monnaie de toutes les puissances. Desmarets, chef de la première division de la police, avait été chargé de cette opération et y avait fait sa fortune. Toute sa conduite, et principalement la marche qu'il a suivie dans les affaires d'Espagne, semble prouver que les succès obtenus par la fourberie avaient pour lui plus d'attraits que les autres, parce qu'ils semblaient lui appartenir sans partage : en cela il se montrait le digne fils de celui qui a été nommé le père du mensonge.

Des succès acquis par tant de crimes devaient avoir un terme. Dieu choisit le moment où il était parvenu au faîte du pouvoir afin de le précipiter de plus haut et de donner un plus grand exemple à la terre. Il avait vaincu ensemble ou séparément toutes les puissances du continent; l'Angleterre seule lui avait résisté par sa position insulaire. Sans marine pour l'attaquer, il avait eu la folle pensée de lui fermer tous les ports du continent, et tandis qu'il voulait interdire à toutes les puissances la faculté de commercer avec elle, il vendait des licences à quiconque voulait les payer. En 1812, il fit d'immenses préparatifs de guerre contre la Russie, et le prétexte de sa déclaration ou pour mieux dire de son attaque, était qu'elle avait violé son système continental; il rassembla l'armée la plus formidable qu'il eût jamais mise sur pied, força tous les rois ses vassaux à lui fournir d'énormes contingents, et les rassembla eux-mêmes à Dresde pour jouir de tout l'appareil de sa grandeur. C'est de là qu'il partit pour cette campagne mémorable, où son armée fut détruite par les puissances de l'air, comme celle de Sennachérib l'avait été par l'ange du Seigneur sous les murs de Jérusalem. La tentative qu'il fit à Lutzen l'année suivante, les conditions brillantes qu'il refusa, furent des circonstances ajoutées à tant d'autres pour montrer sa réprobation, et qu'il était frappé de l'esprit de vertige précurseur de sa chute.

L'Europe étonnée croyait à peine à ses succès. La France, épuisée d'hommes et d'argent, mais fière encore de ses anciennes victoires, ne pouvait se persuader que des étrangers mettraient le pied sur son territoire. Cependant les illusions cessèrent lorsqu'on vit paraître dans le Jura les avant-postes autrichiens. Quoique cette frontière n'ait aucun moyen de défense, ils ne s'avançaient qu'avec une extrême précaution. Cependant les fonctionnaires de Buonaparte s'étant retirés et ayant laissé l'administration au conseil de préfecture, les alliés se rendirent maîtres du pays, qu'ils mirent à contribution, sans cependant excéder de beaucoup les besoins de l'armée, tant en vivres qu'en habillements ; d'ailleurs les troupes gardèrent une bonne discipline. Le fardeau n'en parut pas moins lourd au peuple, et l'administration imagina d'envoyer une députation au quartier général du prince de Schwartzenberg, pour demander un soulagement sur les réquisitions. On choisit pour cette commission M. le marquis de Champagne, M. de Ronchaud, M. Garnier et moi. Les deux premiers vinrent me prendre au Deschaux, le 20 janvier sur le soir, et nous partîmes immédiatement pour Dole. M. Garnier, qui en était alors maire, était trop occupé pour pouvoir nous accompagner. Nous prîmes donc des passeports du général Scheiter, qui faisait alors le siége d'Auxonne, et nous suivîmes la route de Langres, où était le quartier général du prince de Schwartzenberg. Arrivés, nous plaidâmes notre cause le mieux possible près de M. Prohaska, intendant de l'armée, auquel le prince nous avait renvoyés, et nous obtînmes quelques diminutions pour notre département.

Pendant que nous suivions cette affaire, l'empereur Alexandre arriva à Langres, où il fit son entrée le 22 janvier, escorté des cosaques de la garde. Quelques personnes de connaissance, que j'avais rencontrées au quartier général, m'engagèrent à lui demander une audience. J'hésitai d'abord, n'ayant aucun titre et aucune mission auprès de lui. Cependant, l'espérance de lui donner quelques notions justes sur sa position et celle

**

de la France me décida à faire cette démarche, et le soir même je lui fus présenté avec le marquis de Champagne par le comte de Tolstoï. On m'avait prévenu qu'il avait l'ouïe dure, qu'il fallait parler lentement, élever un peu la voix et articuler avec soin. Il nous accueillit avec bonté, et voici le résumé de notre entretien, que j'ai mis en dialogue pour le rendre plus intelligible :

Moi. « Sire, Votre Majesté veut bien recevoir des Français, et c'est sans doute pour connaître nos pensées ; je vais les lui expliquer avec franchise et vérité. La France épuisée a vu sans répugnance l'entrée des troupes alliées sur son territoire. Les rapports que Votre Majesté reçoit de tous côtés ont dû lui prouver que ses soldats ont été accueillis comme des libérateurs : dans aucun lieu ils n'ont éprouvé de résistance de la part du peuple. Vous le dirai-je, Sire, les malheurs inséparables de l'invasion se trouvaient compensés par l'espoir de nous voir bientôt délivrés du tyran qui, depuis plus de dix années, épuise la France pour opprimer le continent. Mais voilà bientôt six semaines que vos armées occupent la France ; elles couvrent presque un tiers de ce beau pays ; et cependant on est encore dans la plus cruelle incertitude sur vos projets : nous ignorons si les alliés veulent nous remettre sous le joug de fer que nous espérions voir briser, ou s'ils veulent nous démembrer. Le Français est impatient par caractère ; la présence des troupes étrangères est un fardeau pesant, et j'ose dire que ce long silence a prodigieusement changé l'esprit public, d'abord si favorable aux alliés ; et si l'inconstante déesse cessait d'être favorable aux armes de Votre Majesté, la population entière se soulèverait contre elle et elle ne repasserait pas le Rhin. »

L'empereur fit un signe d'étonnement ; je m'arrêtai, croyant qu'il dirait quelque chose ; voyant qu'il se taisait, je repris la parole.

« Sire, je viens d'indiquer le mal à Sa Majesté ; qu'elle me permette de lui en proposer le remède, *des cocardes blanches*. Elles annonceront aux Français que les puissances veulent leur rendre la famille de leurs anciens rois, et qu'elles ne font la guerre que pour leur donner la paix ; alors les peuples, assurés de leur destinée, feront cause commune avec les alliés ; du jour où ils auront arboré ce signe de paix, ils sauront qu'ils n'ont plus de grâce à attendre de l'impitoyable Corse ; tout leur espoir sera dans vos succès, et ils se feront un devoir de pourvoir aux besoins de vos troupes. »

L'Emp. « Comment se fait-il qu'ayant déjà occupé près d'un tiers de la France, le peuple n'a pas encore réclamé l'ancienne dynastie ? »

Moi. « Sire, on sait que les alliés ont envoyé des passeports au duc de Vicence ; une négociation n'amène pas toujours un traité, mais elle en suppose la possibilité ; on voit que d'un trait de plume la France peut être replacée sous le joug, et peu de gens sont assez hardis pour faire une demande qui, si elle était connue, attirerait sur eux une vengeance implacable. Du reste, vingt-six ans de révolutions doivent avoir appris aux puissances que le principe de la souveraineté du peuple est le plus dangereux pour les rois, car du droit de se choisir des maîtres ils en induiront bientôt celui de les renverser. »

L'Emp. « Tout ce que je puis vous dire, c'est que les puissances n'ont encore aucun plan arrêté sur le sort futur de la France ; la seule chose convenue entre elles, est de n'agir que de concert, parce qu'elles sentent que leur force dépend de leur union. »

Moi. « Sire, mettez le comble à votre gloire, en replaçant sur le trône le frère de mon malheureux maître. J'ose dire que pour cette fois la justice se trouverait d'accord avec la politique. Tout est lié dans l'ordre social comme dans la nature ; les couronnes s'appuient les unes sur les autres, comme les pendentifs d'une voûte. J'ajouterai même que la couronne de France était la clef de l'édifice ; depuis qu'elle a été arrachée, toutes les autres ont été ébranlées. »

L'Emp. « Le roi de Prusse arrive aujourd'hui, l'empereur d'Autriche est attendu demain ; lorsque nous serons réunis, nous nous entretiendrons de nos intérêts. Vos idées me paraissent justes, soyez sûr qu'elles seront prises dans une haute considération. »

Là-dessus je me retirai. J'écrivis une partie de cette conversation à un de mes amis qui habitait la Suisse, M. Bremond. Celui-ci ayant appris quelque temps après que Monsieur était à Bâle, il alla lui faire sa cour et lui fit voir ma lettre, dont S. A. R. parut très satisfaite ; elle fut peut-être la cause de l'ordre qu'elle me fit donner par le comte Fr. d'Escars, de me rendre près d'elle à Vesoul.

Revenu chez mon beau-frère, après avoir rempli ma mission à Langres, j'attendais les événements. Des bruits vagues nous annonçaient l'arrivée de Monsieur en Suisse. Je fis un voyage infructueux à Vesoul avec mon neveu, pour prendre des informations. Le prétexte était d'aller visiter des terres de son beau-père qui sont dans le voisinage de cette ville. De retour au Deschaux, je fus chargé d'une nouvelle commission par les administrateurs du département, pour aller réclamer près de M. d'Andelaw, que les alliés avaient nommé gouverneur des trois départements qui formaient l'ancienne province de Franche-Comté, des modérations de réquisitions. J'étais accompagné de MM. Désiré de Longeville et Emmanuel Jobez. J'appris en route que Monsieur était à Vesoul, et même que le comte Fr. d'Escars m'avait donné l'ordre de me rendre près de lui. Cette nouvelle me dédommagea bien de la pénible corvée dont j'étais chargé. Le prince me reçut avec beaucoup de bonté, sans cependant me donner d'ordre ; il me permit de retourner quand ma mission serait remplie, m'annonçant qu'il me ferait avertir quand il aurait besoin de moi. Je revins donc à Dole. Mais pendant mon absence les choses avaient bien changé de face : le maréchal Augereau s'était avancé, sans doute dans l'intention de faire lever le siége de Besançon ; il s'était rendu maître de Lons-le-Saunier, et les Autrichiens s'étaient repliés sur Dole. Le général Wimpffen, dont le quartier général était à Villette, petit village à trois quarts de lieue en avant de cette ville, ne nous permit pas de passer outre, de sorte que nous fûmes obligés de revenir sur nos pas et de nous arrêter à Dole. Le lendemain, à la pointe du jour, je vis paraître mon neveu, qui dans l'intervalle avait été aussi présenter ses hommages à Monsieur, et qui me dit de sa part qu'il était chargé de me rappeler près de lui. Je repartis donc immédiatement pour Vesoul, où le prince avait réuni quelques gentilshommes de Franche-Comté, le marquis de Grammont, le marquis de Saint-Mauris, le comte de Scey et moi, pour les interroger sur la situation de la province. Après que chacun lui eut rendu compte de ce qu'il savait et lui eut exprimé ses craintes et ses espérances, Monsieur me prit à part et me dit que la question la plus embarrassante était celle des domaines nationaux, et me demanda si j'avais quelques idées arrêtées sur la manière dont on pourrait concilier les intérêts des acquéreurs avec les droits des anciens propriétaires. Comme je m'en occupais depuis longtemps, je n'eus pas de peine à lui répondre. J'établis d'abord le droit de propriété, qui est une des bases principales de la société ; qu'il n'était pas dans l'intérêt du roi de signaler son retour en France, supposé que le Ciel nous fît cette faveur, par la spoliation des sujets fidèles qui avaient abandonné leur patrie, leurs familles et leurs biens, pour la défense de sa cause ; que la sanction accordée à la vente de leurs biens excédait ses pouvoirs et le mettait en contradiction avec ce qu'il avait annoncé dans ses proclamations ; d'ailleurs, c'était jeter dans l'État des germes de dissensions interminables, suivant le sentiment de tous les publicistes, si bien exprimé par M. de Bonald dans son ouvrage intitulé : la *Théorie du pouvoir politique et religieux*, tome II, page 339, que je ne puis m'empêcher de transcrire : « Dans la société politique, une » seule famille dépouillée injustement de sa propriété, est un élément

» perpétuel de discorde, parce que la famille légitimement propriétaire
» est l'élément de la société politique constituée. » Enfin je lui citai le
droit public des nations, fixé à cet égard par une suite de traités dont je
lui remis les extraits ; l'article 5 de la paix de Nimègue, l'art. 46 de la
paix de Ryswich, l'art. 2 de la paix d'Utrecht et l'art. 25 de la paix de
Rastadt. J'avais recueilli ces renseignements dans l'excellent ouvrage de
M. Ferrand intitulé : *L'Esprit de l'histoire,* qui semblait fait pour la circonstance (1). Après avoir ainsi posé des principes qui me paraissaient
incontestables, voici la marche que je proposai pour en adoucir autant
que possible l'exécution, sans toutefois les blesser :

1° Le roi est maître de ses domaines ; il peut en disposer malgré le
système de l'inaliénabilité des biens de la couronne, qu'on peut écarter
dans une occasion aussi importante. Il peut donc céder ses droits à tous
les acquéreurs de ces domaines ; cette cession constate la propriété, car
donation suppose possession. Je proposais donc que le roi fît cette donation ; son exemple aurait eu une grande influence et facilitait beaucoup
le reste de l'exécution du plan.

2° Le roi invitait ses sujets fidèles, qui avaient été inscrits sur la liste
des émigrés à raison de leur attachement à sa cause, à consommer leur
sacrifice en faisant entre ses mains et à son exemple l'abandon de leurs
biens vendus en faveur des acquéreurs, leur promettant que ce sacrifice
fait à la tranquillité de l'Etat serait à jamais pour eux et pour les leurs un
titre à la reconnaissance du prince et aux faveurs du gouvernement.
Cette invitation de la part du roi me paraissait réunir tout ce qui pouvait
lui donner un plein succès : c'était un appel à la générosité et à la fidélité,
qui près des Français ne manque jamais son effet ; on leur demandait
l'abandon d'une chose qu'ils ne possédaient plus et à laquelle ils avaient
à peine conservé quelques prétentions bien vagues, ce qui leur rendait
le sacrifice moins difficile ; on leur évitait le désagrément de faire la donation immédiatement à l'acquéreur, ce qui aurait probablement répu-
gné à plusieurs ; c'était au roi même qu'ils la faisaient entre les mains
de ses gouverneurs ; c'était un sacrifice à la tranquillité publique, auquel
on aurait donné la publicité et l'appareil faits pour flatter l'amour-propre ;
enfin on changeait totalement la position des émigrés : ce n'étaient plus
des proscrits qui avaient perdu leur fortune pour s'être attachés à une
mauvaise cause, c'étaient des sujets fidèles qui, après avoir tout quitté
pour la défense de la monarchie, faisaient encore le sacrifice de leurs

---

(1) Voyez *L'Esprit de l'histoire,* t. IV, p. 139, édition de Paris de l'an XII (1802).

biens à la tranquillité publique; aussi on leur promettait pour eux et les leurs les places auxquelles ils auraient pu prétendre, et Dieu sait combien l'imagination aurait conçu d'espérances chimériques sur cette assurance; d'ailleurs il eût été juste que les listes de proscription des jacobins devinssent des listes de faveur sous la monarchie.

3° Après l'invitation du roi aux émigrés pour leur proposer d'acquérir de nouveaux droits à la reconnaissance en consommant leur sacrifice, je proposais de faire aux acquéreurs l'invitation de traiter avec les anciens propriétaires pour regagner l'estime de leurs concitoyens. La disposition des esprits fait croire que les transactions se seraient multipliées à l'infini. La donation faite par les émigrés n'eût pas été un obstacle, parce qu'elle serait restée entre les mains des gouverneurs de province.

4° Enfin il fallait prévoir le cas où l'ancien propriétaire aurait refusé de faire la donation que le roi lui demandait; il fallait même supposer la possibilité de ce refus pour que la donation conservât le caractère d'une entière liberté, et supposer encore que l'acquéreur, se fondant sur les anciennes lois, se serait refusé à toute transaction. Pour terminer cette espèce de différend, on aurait créé dans chaque division militaire un tribunal d'équité, composé d'hommes d'une probité reconnue et complétement désintéressés dans les affaires des domaines nationaux; ceux-ci auraient prononcé sans frais la restitution du bien à l'émigré, à charge par lui de rendre à l'acquéreur le prix qu'il aurait payé en assignats, suivant l'échelle de dépréciation, ainsi que de l'indemniser des dépenses, soit en construction de bâtiments, grosses réparations, etc., qu'il aurait pu faire. Dans aucun cas, il n'y aurait eu de réclamation à faire pour les fruits et levées. Les jugements du tribunal d'équité auraient été transcrits dans les greffes des tribunaux de la situation des domaines, et sans frais.

Monsieur daigna approuver mon plan, m'ordonna de le rédiger, ce que je fis, et je lui en remis la minute. Les circonstances ne lui ont pas permis d'en faire usage; seulement il se servit du préambule pour faire une proclamation à Nancy, qui eut assez de succès. J'avais pris pour épigraphe un verset du ps. 124: *Non relinquet Dominus virgam peccatorum super sortem justorum, ut non extendant justi ad iniquitatem manus suas.*

Cependant rien n'était plus douteux que les intentions des puissances alliées pour le rétablissement de la maison de Bourbon; elles continuaient toujours à négocier avec Buonaparte, et chaque jour on venait nous dire que le traité était conclu. Le fait est qu'il n'a tenu qu'à lui jusqu'au 19 mars de le ratifier. Quelques jeunes gens à Dijon avaient essayé d'arborer la cocarde blanche ; ils avaient été poursuivis par les jacobins et menacés par le prince de Hesse-Hombourg, qui commandait alors pour les Autrichiens dans cette ville. C'était inutilement que Monsieur avait envoyé ses aides de camp aux quartiers généraux des puissances. Toutes avaient refusé de les recevoir. Les Autrichiens paraissaient les plus mal disposés à son égard, ce qui était naturel. Leur projet, sans doute, était bien d'ôter à Buonaparte les moyens de troubler le repos de l'Europe, et pour cela ils auraient bien voulu démembrer la France, s'emparer des provinces qui étaient à leur convenance, comme l'Alsace, la Lorraine ou la Franche-Comté, mais il n'entrait pas dans leur plan de détrôner le gendre de leur empereur. Aussi, toutes les fois que Monsieur parlait d'aller en avant, on lui proposait de retourner à Bâle. Après qu'on lui eut refusé la permission d'aller au quartier général, il demanda un corps de troupes pour percer les lignes françaises et se rendre dans la Vendée, où il espérait trouver des partisans. Cette demande ayant été également refusée, je le vis au moment de partir avec le passe-port d'un de ses aides de camp pour se rendre au quartier du prince de Schwartzenberg, avec l'intention de ne se faire connaître qu'en entrant dans son cabinet.

Tandis que le temps s'écoulait en démarches inutiles, je rencontrai dans les bureaux de M. d'Andelaw un Suisse, nommé M. de Wildermeth, que j'avais connu autrefois ; il me parut réunir les moyens et la volonté de servir les princes. Je pensai qu'on pourrait lui faire donner par M. le baron une commission ostensible, tandis qu'il recevrait de Monsieur une mission particulière pour parler au prince de Metternich du rétablissement du roi (1). Je proposai cette idée, qui fut adoptée de part et d'autre. M. de Wildermeth partit pour cette négociation aussitôt qu'on fut informé que les conférences de Chaumont étaient rompues. Je rendrai compte dans la suite du succès qu'il obtint.

De toutes les puissances alliées, la Russie était celle qui montrait le moins d'opposition au rétablissement de l'ancienne dynastie, disant cependant que son intention n'était pas de s'immiscer dans le régime intérieur de la France et que c'était au peuple à déclarer celui qu'il voulait pour souverain. M. d'Alopeus, qui commandait à Nancy, ne refusa point de recevoir Monsieur dans cette ville, et je l'engageai à quitter le plus tôt qu'il pourrait le pays occupé par les Autrichiens. Le prince

---

(1) M. d'Andelaw, sans s'écarter des ordres de son gouvernement, avait toujours montré beaucoup d'égards pour Monsieur.

passa à Vesoul vingt-deux jours bien pénibles. J'étais loin de prévoir la rapidité des événements subséquents. Je croyais que la maison de Bourbon serait obligée d'ajouter le droit de conquête à celui de sa naissance, et je regardais Lyon comme le point le plus convenable pour établir le centre de ses opérations. Je désirais surtout de le voir à la tête d'une armée composée de Français. La position de Lyon réunissait de grands avantages : le voisinage de la Loire, qui est la meilleure ligne militaire pour l'intérieur de la France ; la proximité des provinces méridionales, dont l'esprit était favorable à la maison de Bourbon ; enfin l'espoir d'établir des relations avec M. le duc d'Angoulême, qui était à l'armée de Wellington. Comme un séjour de plusieurs années à Lyon m'avait mis à portée de connaître cette ville, je proposai à Monsieur de m'y rendre pour préparer les esprits à le recevoir. Il voulut bien me confier cette mission et me donna les pouvoirs dont copie est ci-jointe, écrits en entier de sa main [1]. Il me chargea aussi d'une lettre pour le maréchal Augereau.

Je quittai donc Vesoul pour me rendre à Lyon, tandis que Monsieur se préparait à prendre la route de Nancy. J'eus la satisfaction, avant de le quitter, de lui annoncer que les conférences de Chaumont étaient rompues [2]. Je fus obligé, pour remplir les ordres dont j'étais chargé, d'attendre la retraite du maréchal Augereau, qu'on croyait généralement disposé à se détacher du parti de Napoléon ; on en jugeait par le peu d'attention qu'il avait faite aux nombreuses dénonciations qu'on lui avait faites contre les royalistes à son passage à Lons-le-Saunier. Monsieur m'avait donné une lettre pour lui, que je n'avais pas pu lui remettre moi-même, mais qui lui fut portée par M. de Varax, membre de la municipalité de Lyon, et qui produisit son effet.

Dès que les Autrichiens furent maîtres de Lyon, je m'y rendis, accompagné de M. X. de Champagne, très dévoué au roi, et qui, par ses nombreuses connaissances en cette ville, pouvait seconder utilement mes projets.

M. de Bondy, préfet nommé par Buonaparte, s'était retiré avec les troupes françaises ; mais M. le comte d'Albon, maire, MM. de Laurencin, de Varax, de Cotton, de Cazenove, enfin tous les membres du corps municipal, montrèrent le plus grand empressement à prendre la cocarde

---

[1] Tous ceux auxquels ce billet sera montré peuvent et doivent prendre une confiance sans réserve dans tout ce que M. Terrier de Monciel leur dira, leur annoncera et leur promettra de ma part, au nom du roi mon frère.

(L. S.)   Vesoul, 12 mars 1814.   *Signé* CHARLES-PHILIPPE.

[2] Deficit qui conculcabat terram. (*Is.*, XVI, 4.)

blanche, quoiqu'ils ne fussent appuyés en aucune manière par les Autrichiens, qui leur disaient toujours qu'ils seraient responsables des troubles que cette démarche pourrait amener, et qui semblaient plus disposés à s'y opposer qu'à la favoriser. Ils ne faisaient en cela que suivre les ordres de leur cour, car le comte de Salm, qui commandait la garnison, montrait d'ailleurs des dispositions personnelles très favorables au retour des Bourbons. Je dois à la vérité de dire que M. de Senneville, alors commissaire de police et l'un des hommes les plus influents de Lyon, reçut mes propositions avec empressement et en suivit l'exécution avec chaleur. Les plus grands obstacles que nous eussions à vaincre venaient de M. Saunier, commissaire de police envoyé par l'empereur, qui aurait voulu que la ville fût livrée au pillage plutôt que de se rendre aux forces supérieures des alliés. Lyon était devenu la retraite d'une quantité d'employés des douanes chassés de la frontière par l'invasion, et d'agents des droits réunis qu'on repoussait de partout. Saunier, qui ne se montrait plus, mais qui agissait toujours, avait répandu beaucoup d'argent parmi ces hommes naturellement opposés au retour des Bourbons, et les destinait à contenir ceux qui auraient désiré prendre la cocarde blanche.

Le parti royaliste se composait du plus grand nombre des habitants de Bellecour. Cette extrémité méridionale de la ville peut se nommer le quartier de la noblesse ; c'est là où s'établissent les familles qui, après avoir fait fortune, se retirent des affaires. Cette classe, opprimée et méprisée par Buonaparte, faisait des vœux pour un changement ; on comptait aussi beaucoup de négociants des Terreaux fatigués du système continental, des licences, enfin de toutes les entraves que Buonaparte avait mises au commerce, et qui étaient prêts à se déclarer pour un nouvel ordre de choses.

Nous hésitâmes quelque temps entre le 3 et le 10 avril, pour faire arborer le drapeau blanc ; enfin nous trouvâmes plus prudent de renvoyer au 10, ne voulant pas que l'étendard des lis, qui devait rendre la paix à la France, fût un signal de rixes et de discordes.

Cependant la position de Monsieur s'était singulièrement améliorée à mesure qu'il s'approchait de Nancy. A Plombières et à Fougerolles, il avait trouvé des cœurs français sur sa route ; partout on lui avait rendu les honneurs dus à son rang et à sa naissance. Les puissances alliées s'étaient enfin déterminées à reconnaître le monarque légitime, et son lieutenant général devait se rendre à Paris pour prendre possession du royaume au nom de Louis XVIII.

Monsieur dépêcha M. Mick à Lyon, qui m'apporta l'ordre d'aller le rejoindre à Nancy. Je partis aussitôt et j'arrivai le 7 avril. Cette nuit même il partait secrètement pour Paris ; il prétextait une conférence avec l'empereur d'Autriche à Dijon, afin de donner le change à M. de Piré, qui cherchait à l'enlever avec un détachement de cavalerie sur la route de Paris. MM. de Bruge, de Well et moi, le suivîmes à quelque distance, et nous le rejoignîmes à Meaux, le 10 au soir. Le prince devait faire son entrée à Paris le mardi ; il m'ordonna de le précéder, et je partis le lundi matin.

J'avais rencontré à Nancy M. de Wildermeth, et c'est ici le moment de rendre compte de sa négociation, qui jettera du jour sur d'autres événements. J'ai dit plus haut qu'il était parti de Vesoul avec des pouvoirs et une mission secrète de Monsieur ; en même temps il était porteur d'une mission ostensible du comte d'Andelaw ; celle-ci consistait principalement dans un mémoire dans lequel il exposait que les excès des troupes alliées et les charges énormes dont le peuple français se trouvait accablé, avaient aliéné tous les esprits ; que, désespérant de voir aucun heureux changement dans sa situation, on n'attendait qu'un moment favorable pour se soulever contre les étrangers ; il concluait de là la nécessité de se prononcer en faveur des Bourbons.

Ce mémoire était une introduction naturelle aux propositions dont M. de Wildermeth était chargé ; elles avaient été rédigées au moment où des succès momentanés de Buonaparte avaient forcé les alliés à reculer de Troyes à Chaumont. On pourra voir dans le rapport que M. de Wildermeth fit à Monsieur de sa mission, les difficultés qu'il eut à surmonter ; la principale était l'incertitude sur les vœux du peuple français. Sans doute MM. de Hardenberg et de Nesselrode étaient partisans de la souveraineté du peuple ; mais tout le monde sait que l'opinion commune de toutes les puissances était de ne pas s'immiscer dans les affaires intérieures de la France, de laisser au peuple le choix de son gouvernement et de la dynastie à laquelle il voudrait se soumettre. En même temps, elles semblaient méconnaître l'impossibilité où se trouvaient les royalistes de prononcer leurs vœux pour les Bourbons, aussi longtemps qu'elles seraient en négociation ouverte avec Buonaparte. Enfin les événements de Bordeaux et la réception de Monsieur à Nancy ayant prouvé aux ministres des puissances alliées que les Français libres reconnaîtraient avec joie leurs anciens maîtres, ils consentirent aussi à les reconnaître aux conditions suivantes :

1° Que Louis XVIII serait roi constitutionnel ;

2° Que le roi sanctionnerait les ventes des domaines nationaux ;

3° Que le libre exercice de tous les cultes serait maintenu ;

4° Que les hommes en place seraient conservés.

Ces conditions, qui avaient été remises en même temps à MM. de Wildermeth et de Bombelles, furent d'abord présentées à Monsieur par ce dernier, qui eut l'adresse, bien digne d'un homme de cour, d'enlever à l'homme qui s'était dévoué le fruit de ses travaux.

Ce fut dans ces circonstances que j'arrivai à Nancy, où j'appris à quelles conditions il était permis au descendant de saint Louis de remonter sur le trône de ses aïeux.

Cette digression m'a paru nécessaire pour jeter plus de jour sur la situation morale et politique de la ville de Paris au moment où Monsieur y fit son entrée en qualité de lieutenant général du royaume, le 12 avril 1814. Les alliés s'étaient rendus maîtres de cette ville par une capitulation qui l'avait préservée du pillage. Le jour où l'empereur Alexandre y fit son entrée, les royalistes avaient été au devant de lui avec un drapeau blanc et des cocardes de la même couleur, et ils s'étaient tellement multipliés qu'ils l'avaient convaincu du désir des Français de rentrer sous la domination de l'ancienne dynastie, et qu'il s'était déterminé à la reconnaître. Ses couleurs étaient arborées partout.

Cependant Buonaparte était encore à Fontainebleau, entouré des débris d'une armée que ses malheurs semblaient lui rattacher plus fortement, parce qu'il l'avait récompensée dans sa prospérité ; il n'avait point encore abdiqué et il était toujours formidable. Une espèce de gouvernement provisoire s'était formée à Paris sous la présidence du prince de Talleyrand ; les ministères étaient occupés par d'anciens serviteurs de Buonaparte, qui l'avaient abandonné dans sa disgrâce ; entre tous il n'y avait que M. Malhouet, chargé du portefeuille de la marine, qui, par ses talents et les preuves de fidélité qu'il avait données, méritât de siéger dans le conseil du roi. Tout le reste avait donné des gages plus ou moins à la révolution, qui ne leur permettaient pas de changer de route.

Le trésor public était épuisé ; la présence des troupes étrangères s'opposait à la rentrée des impôts, de sorte qu'on touchait à l'anarchie. Le sénat de Buonaparte, qui l'avait si bassement flatté dans sa prospérité, l'abandonnait dans son infortune, prêt à saluer un nouveau maître ; ce corps voulait cependant tirer des restes de sa vie politique le meilleur parti possible, d'abord pour sa propre conservation, ensuite pour la défense des intérêts révolutionnaires dont il se constituait le gardien. C'est dans ces vues qu'il fit une constitution par laquelle il exigeait que le roi renonçât à son titre héréditaire pour recevoir la couronne des vœux libres du peuple souverain. Il proposait encore de conserver cette cocarde tricolore qui rappelait à l'armée le souvenir de tant de victoires et associait en quelque sorte la famille des Bourbons à la gloire nationale. Le sénat croyait sa constitution si attrayante qu'il l'avait publiée, afin que le peuple la demandât et que le roi fût forcé d'y souscrire. Comme les sénateurs avaient stipulé avec le plus grand soin ce qui regardait leurs propres intérêts, un plaisant s'avisa de donner à cet acte le nom de *constitution de rente*, ce qui contribua beaucoup à le discréditer. Le temps des illusions était passé; le peuple sentait tout le poids des maux que la révolution avait accumulés sur lui; la France était inondée d'une foule d'étrangers; on ne pensait qu'à se délivrer de leur présence, et la reconnaissance des Bourbons paraissait le seul moyen de se réconcilier avec l'Europe outragée : on voulait donc les Bourbons à tout prix, et si, profitant de l'avantage de leur position, ils eussent voulu dicter des lois, on y aurait souscrit avec empressement. Jamais prince ne fut reçu avec plus d'enthousiasme que Monsieur à son entrée à Paris. Sa bonté, ses manières simples et affables, contrastaient singulièrement avec la dureté et l'insolence de l'usurpateur, qui, n'ayant rien en lui de noble ni d'élevé, voulait y suppléer par une affectation théâtrale. Dès que Monsieur fut établi au château des Tuileries, toutes les autorités vinrent le reconnaître et lui présenter leurs hommages. Ses réponses aux harangues qu'on lui adressait étaient remplies d'idées justes, souvent fortes, et toujours adaptées aux circonstances. Il ne manquait jamais une occasion de manifester son respect pour la religion et les principes d'ordre qui en découlent, qui sont la seule base solide des empires. Les Français n'étaient plus accoutumés à ce langage et il n'en fit que plus d'impression. Le gouvernement provisoire, qui avait concerté l'arrivée de Monsieur, vint tenir ses séances aux Tuileries, et remplissait les fonctions de conseil des ministres. Monsieur voulut bien me proposer d'y entrer. J'eus l'honneur de lui observer que je ne convenais à aucun des membres qui composaient ce conseil, à l'exception de M Malhouet, mon ancien ami; que ma voix serait seule et par conséquent inutile; que M. de Vitrolles y avait déjà été placé par lui et pouvait lui présenter chaque jour le résumé des délibérations; qu'il était d'ailleurs fort douteux que ma présence fût agréable au roi et surtout à M. de Blacas; qu'enfin si, dans la suite, Sa Majesté jugeait convenable de former un ministère et de m'y appeler, je serais toujours à ses ordres; mais que jusque-là ma présence serait au moins inutile. Son Altesse Royale daigna agréer mes excuses, qui lui parurent motivées.

Cependant Pozzo di Borgo fut envoyé à Hartwel, j'ignore si ce fut par l'empereur Alexandre, dont il était ambassadeur, ou par des sénateurs de ses amis, pour engager le roi à accepter la constitution sénatoriale, en lui disant qu'il ne pouvait pas mettre le pied sur le territoire de France avant d'y avoir donné sa sanction. Monsieur ayant été informé de cette démarche, envoya de son côté M. le comte de Bruge à son frère, pour lui peindre l'état de la France et l'assurer que le seul titre dont il devait se prévaloir était celui de sa naissance. Malgré toutes ces négociations, le sénat en corps vint présenter ses hommages à Monsieur comme lieutenant général du royaume. Les discours avaient été concertés, mais la manière affectueuse avec laquelle le prince prononça sa réponse n'avait pas été prévue , non plus que les excellents propos qu'il y ajouta et qui produisirent une sensation extraordinaire. J'ai vu plusieurs sénateurs touchés jusqu'aux larmes. Quelle différence de cet accueil avec le ton dur et fier qu'employait l'usurpateur et qu'il prenait pour de la majesté !

Au milieu de ce conflit, les intérêts particuliers n'étaient pas négligés ; le gouvernement provisoire savait que Buonaparte avait fait sortir de Paris le trésor de la couronne et l'avait dirigé sur les provinces de l'ouest : des auditeurs munis de pleins pouvoirs furent expédiés pour le faire revenir ; ils l'atteignirent et donnèrent des ordres pour qu'il fût ramené à Paris. La garde en fut confiée à M. de Lagrange, commandant de la gendarmerie d'élite. Chemin faisant, il pensa que si la couronne appartenait à Louis XVIII, le trésor devait aussi lui appartenir; en conséquence, il écrivit à Monsieur pour lui demander ses ordres, qui lui furent donnés aussitôt d'avoir à ramener le trésor au château. Je le fis remettre immédiatement à la place qu'il occupait précédemment sous le règne impérial, et je chargeai M. Théodore Charlet d'en faire l'inventaire; mais rien ne fut plus plaisant que l'air déconcerté des membres du gouvernement provisoire, en voyant que cette riche proie échappait de leurs mains. Ils la réclamèrent vainement ; par condescendance, Monsieur voulut bien donner dix millions à M. le baron Louis contre des bons sur la trésorerie à 90 jours, portant 4 p. 0/0 d'intérêt. Indépendamment de cette somme, il se trouva, d'après l'inventaire, environ trois cents millions en portefeuille, sans compter les diamants et une grande quantité de vaisselle. C'est ici le lieu de rendre un témoignage éclatant à M. le baron de la Bouillerie, qui, sous le gouvernement impérial, avait dirigé la trésorerie avec la plus grande intégrité et y avait établi l'ordre le plus parfait ; la manière dont il s'est conduit depuis la restauration prouve qu'il était digne de la confiance de ses nouveaux maîtres. Appelé à la chambre des députés, il a constamment siégé à droite, ce qui lui a valu la disgrâce de M. de Cazes, qui lui a ôté ses fonctions de conseiller d'Etat.

La situation de Monsieur au milieu de Paris était des plus bizarres. Revêtu du titre de lieutenant général du royaume, chaque jour il recevait des députations de tous les corps de l'Etat ainsi que des départements, qui s'empressaient de reconnaître l'autorité royale. Cependant Buonaparte était encore à Fontainebleau, entouré des débris de son armée, plus formidable par la valeur que par le nombre ; il n'avait pas encore abdiqué ; les troupes alliées couvraient Paris, et on pouvait craindre à toute heure qu'il ne lui prît envie de tenter encore le sort des combats. Le lieutenant général du royaume n'avait pas un soldat à ses ordres ni un cheval à monter ; Franconi lui en avait prêté un pour faire son entrée. Heureusement, les généraux qui entouraient Buonaparte le détournèrent du projet qu'il avait de tenter encore la fortune. Ce fut aussi par leur conseil qu'il se décida à signer son abdication entre les mains du maréchal Ney. Mille vraisemblances font croire qu'il n'obtint sa signature qu'en lui promettant de travailler à le replacer sur le trône aussitôt que les troupes alliées se seraient retirées. La trahison du maréchal à Lons-le-Saunier, qui eut une si grande influence sur les événements du 20 mars 1815, confirme cette supposition ; d'ailleurs, l'exil de Buonaparte à l'île d'Elbe pourrait faire croire que ceux qui choisirent un point aussi rapproché de la France étaient aussi dans le complot.

Pendant que Buonaparte était à Fontainebleau, M. O.....y, né en Egypte, neveu de l'évêque du Caire, professant la religion catholique et ci-devant colonel des mameluks, vint me proposer d'assassiner l'empereur. Elevé dans les idées du gouvernement oriental, qui donne au souverain le droit de vie et de mort sur ses sujets, il voulait un ordre verbal de Monsieur, qui, en sa qualité de lieutenant général du royaume, était dépositaire de toute l'autorité souveraine ; il n'exigeait qu'un *oui* transmis par moi, et se chargeait de l'exécution à ses risques et périls. Je lui répondis que nous n'étions pas à Constantinople et que nos princes ne faisaient assassiner personne.

Quand Monsieur eut préparé les voies au retour de son frère, Louis XVIII vint prendre possession du trône de ses ancêtres et il lui remit les rênes de l'Etat. De mon côté, je remis à M. le comte de Blacas l'inventaire du trésor de la couronne et renvoyai aux divers ministres les affaires qui les concernaient et qui avaient été adressées au lieutenant général du royaume. Ce prince, qui avait été accablé d'inquiétudes et de fatigues depuis son entrée en France, tomba malade très dangereusement; il fut sauvé par les soins du docteur Hallé, auquel la France doit le bonheur de l'avoir conservé. Pendant sa convalescence, il alla respirer l'air à Saint-Cloud, et, comme je prévis dès ce moment que s'il ne conservait pas une portion du pouvoir, il aurait une foule de déboires à éprouver, je m'empressai de lui communiquer la proposition qui me fut faite par le respectable Malhouet, de lui assurer la majorité dans le conseil: Ses deux fils y étaient, et je dois la justice aux maréchaux Oudinot et Moncey, qui y siégeaient alors, de dire qu'ils faisaient partie de cette majorité. Voici quel était le plan très simple que je proposais. Le premier usage que Monsieur eût fait de sa majorité, eût été, en sa qualité de colonel général des Suisses, de proposer de renouveler la capitulation des troupes de cette nation que le roi tient à sa solde; rien n'était plus facile que d'avoir, dans moins de six mois, 12,000 Suisses parfaitement choisis pour le personnel des officiers et des soldats, qui, cantonnés à Paris ou aux environs, auraient donné à Monsieur la plus grande influence sur la capitale. Il faut se rappeler qu'à cette époque le prince était colonel général des gardes nationales. Il suffisait d'avoir dans chaque département un officier général bien dévoué, chargé de les organiser et de les commander, ce qui aurait mis à la disposition du colonel général une force effective de plus de 800,000 hommes. Ayant ainsi la majorité dans le conseil, la plus grande autorité dans Paris au moyen des Suisses, et une puissance immense dans les départements par les gardes nationales, la position de Monsieur, qui avait concouru si utilement par lui-même et par ses fils à la restauration, devenait imposante, et aucun ministre du roi n'aurait osé faire une proposition sans l'avoir consulté; mais le prince refusa de suivre ce plan, sans doute dans la crainte d'usurper l'autorité royale dont il savait que son frère était très jaloux.

Voyant qu'il fallait renoncer à ce projet, j'en proposai un autre qui n'aurait pas eu les mêmes avantages, mais qui aurait évité les inconvénients qui avaient fait rejeter le premier. Il consistait à demander que les ministres fussent obligés d'annoncer au conseil, quelques jours d'avance, les objets majeurs qu'ils voulaient mettre en délibération. Le motif de cette demande était très naturel: le prince, éloigné de la France et des affaires depuis vingt-cinq ans, ne pouvait pas connaître les lois nouvelles, sans cesse citées et employées; il avait besoin de quelques jours d'étude et de méditation pour former son avis; j'aurais profité de cet intervalle pour consulter les hommes les plus forts en finances, jurisprudence, droit public, militaire, agriculture, commerce, etc. J'aurais rapporté au prince des opinions bien faites, avec de sages conclusions qui probablement n'auraient pas été adoptées ; alors il aurait demandé que son avis fût inscrit au protocole, ce qu'on n'aurait pu lui refuser. Le temps, qui fait justice de toutes les erreurs, aurait montré par des faits celles qu'on aurait commises ; quand la même matière aurait été remise sur le tapis, Monsieur aurait demandé qu'on lût au protocole l'avis qu'il avait proposé. Sa sagesse, mise en opposition avec les sottises ministérielles, aurait donné une haute idée de son jugement ; et, si la même chose s'était réitérée plusieurs fois, sa voix aurait acquis une grande autorité dans le conseil. Ce second plan parut lui plaire. J'ajoutai que le prince devait s'abstenir de toute proposition qu'on pourrait croire qui lui aurait été suggérée. Il n'en était pas de même des avis qu'il émettait sur celles qui étaient mises en discussion par les ministres, car on a nécessairement un avis sur un objet mis en délibération. J'ignore si Monsieur aura donné suite à cette idée ; comme je ne lui avais pas donné les noms des personnes auxquelles je comptais demander des rapports, on ne lui aura donné que des choses insignifiantes, qui l'auront amené à l'état de nullité où nous l'avons vu lorsqu'il fut exclu successivement du conseil, de la chambre des pairs, qu'on lui ôta le commandement des gardes nationales, etc.

Cependant Napoléon était à l'île d'Elbe, et je voyais que tout se préparait pour son retour. Je crus qu'on pouvait faire une dernière tentative pour s'y opposer. On lui avait laissé le titre de prince souverain ; le roi d'Espagne n'avait point accédé au traité de Fontainebleau : il était donc encore en guerre avec lui, et pouvait, avec quelques vaisseaux et des troupes de débarquement, fondre sur l'île d'Elbe et débarrasser l'Europe d'un homme toujours dangereux pour son repos. Je communiquai cette idée au marquis de Rivière, qui l'adopta avec enthousiasme et parut très empressé de partir pour l'Espagne. Il se chargea de faire la proposition à Monsieur et de lui demander une lettre de recommandation pour Ferdinand VII, qui n'aurait pu le compromettre en aucune manière, puisqu'elle n'aurait pas fait mention de l'objet de notre voyage ; mais ce prince la refusa. Je n'ai jamais pu y voir d'autre cause que la crainte d'exposer les jours d'un homme auquel il était tendrement attaché.

Voyant que mes services étaient refusés, je demandai au prince la permission de me retirer, en lui disant qu'aussi longtemps que j'avais eu des fonctions, je n'avais pas demandé de titre ; mais que me trouvant dépourvu de l'un et de l'autre, j'aimais mieux partir que de me faire renvoyer.

BESANÇON, IMPRIMERIE DE J. JACQUIN.